やさしい英語を聴いて読む
IBCオーディオブックス

LEVEL
1
(1000-word)

ごんぎつね／手袋を買いに
Gon, the Fox / Buying Some Gloves

新美南吉 原著

マイケル・ブレーズ 翻訳

松澤喜好 監修

IBCパブリッシング

《使用語彙について》

レベル1：中学校で学習する単語約1000語
レベル2：レベル1の単語＋使用頻度の高い単語約300語
レベル3：レベル1の単語＋使用頻度の高い単語約600語
レベル4：レベル1の単語＋使用頻度の高い単語約1000語
レベル5：語彙制限なし

カバーデザイン

岩目地英樹（コムデザイン）

ブックデザイン

鈴木一誌＋藤田美咲

ナレーション

Carolyn Miller

　英語の習得をめざす人が夢見るのは、「英語で感動することができる」レベルだと思います。「映画を字幕なしで見て感動したい」「海外ドラマを英語で楽しめるようになりたい」、そんな希望をお持ちのことでしょう。英語で感動し、そして他人をも感動させることができるようになれば、日本語と英語の両方で、人生を2倍楽しむことができてしまうのです。

　英語が得意な日本人が最後まで苦しむのが、「リスニング100％」のレベルに到達することです。「リスニング100％」の状態とは、発音、語彙、文法、多読、多聴などで蓄積されたスキルが頭のなかで統合されている状態です。したがって、「リスニング100％」になることを目標にすえて学習することが英語マスターへの近道だと考えられます。しかし現状では、日本人がまとめて長時間の英語の音声を聴く機会は極端に少ないといえます。それに、ただ英語を1日中聴き流していれば目標に到達できるというわけでもありません。自分にあった教材を使用して、自分のレベルを上げていくプロセスを組み立ててこそ、「リスニング100％」の状態をものにすることができるのです。

これまでリスニングや発音の指導をしていて、リスニング学習へのアプローチを誤ったために伸び悩んでいる生徒にたくさん接してきました。彼らはそろってある典型的な誤りに陥っていたのです。これは最初に目標として定めたレベルに達するよりも早く、次の題材へと移ってしまうことに起因します。これではレベルアップの機会を自らつぶしていることになります。もっと分かりやすく説明しましょう。

● Question
　ここに1冊の日常英会話の練習用CDがあったとします。このCDの再生時間は60分間で、20章で構成されているとしましょう。あなたなら、このCDを使ってどのように練習しますか。以下の3とおりの方法を見てみましょう。

例1　　1章ずつ順番に1回ずつ声に出して発音しながら練習する。ひととおり終わったら、もう一度最初から20章を通して練習する。

……この方法では、一応1冊を終わらせてはいますが、発音やリスニングの練習としては、まったく不十分です。ではもう少し量を増やせばよいのでしょうか。

例2　　1章を5回くりかえしてから次の章に移る。20章まで同様にして、練習する。

……いわゆる勉強家のやりかたで、ご立派だと思います。この方法にはそれなりの勉強時間を確保する意志が必要だからです。その結果として少しは実力がつくと思われますが、発音やリスニングの練習方法としては、まだまだ不十分でレベルアップにはつながりません。

例3 ひととおり20章を最後まで聴いてから、一番好きな章をひとつだけ選ぶ。その章を携帯オーディオ機器にダウンロードして常に持ち歩き、50回から100回くりかえす。

……この方法なら、カタカナ式だった英語が、ようやく本来の英語に変身します。20章のうちのたったひとつの章をくりかえし聴けばよいので、例2と総合的な所要時間は一緒ですが、心理的な負担がぐっと軽くなります。

なぜ例3の方法がもっとも有効なのかを、スポーツにたとえて説明しましょう。テニスでも野球でも、ラケットやバットの素振りをおこないます。素振りは、5回や10回では身につきません。数千回くりかえすことで、筋肉がつき、敏しょう性が備わり、やがて球を確実に返せるようになります。同様に、発音やリスニングも、カタカナ式発音から英語本来の発音へと変身するために必要な顔の筋肉、呼吸方法、確実性、敏しょう性を身につけるためには、数百回の練習が必要なのです。例2では、素振りの筋肉がつく前に次の練習に入ってしまっています。それに対して例3の方法なら、短い題材を何度もくりかえすことで、短時間のうちに急速に力がつくのです。

●オウムの法則

ここまで述べてきたことはParrot's Law「オウムの法則」に基づいています。これは私がオウムの調教にちなんで名づけた考えかたです。オウムは2,000回くりかえして初めてひとつの言葉を口にできるようになるといいます。たとえばまず「おはよう」ならそれを2,000回くりかえし教えます。ついに「おはよう」と言わせることに成功すれば、次にはたった200回の訓練で「こんばんは」が言えるようになります。英語学習もこれと同じで、早い段階で脳に英語の発音を刷

り込んでおくことが重要なのです。Parrot's Lawのねらいはそこにあります。日本人の英語学習法を見てみると、「おはよう」をマスターする前に「こんばんは」の練習に取りかかってしまうので、いつまでたってもひとことも話せないし、聴こえない状態に留まってしまうのです。オウムですら一生に一度、2,000回のくりかえしをするだけで言葉を発することを覚えます。鳥よりもはるかに学習能力が高い人間なら、100回もくりかえせば、カタカナ式発音をほんものの英語発音に変身させることができるはずです。

●短い英文を100回聴く

発音やリスニングが苦手な方は、まず短めの題材をひたすらくりかえし聴いて、英語の発音を完全に習得してしまいましょう。Parrot's Lawのメソッドなら、短い題材から大きな効果が期待できます。最初の50回までは、毎回少しずつ発見があり、自分の成長が実感できます。さすがに50回を超えると発音方法が分かるようになり、意味もほぼ理解して、英語で直接、場面をイメージできるようになります。同時に、自分の進歩が飽和してきて「これ以上は伸びないのでは？」と感じられます。でも実際には、50回を超えてからが肝心なのです。100回に向けて、脳に音の刷り込みをおこなっていきます。子音、母音、音節、イントネーション、複数の単語のかたまり、間の取りかた、息継ぎまでをそっくり再現できるまで練習しましょう。こうしてオウムでいうところの「おはよう」レベルに達することができるのです。

●仕上げの30分間

次にもう少し長めの20分から30分くらいの題材を聴いて、ストーリーを追ってみます。そしてそれを数十回くりかえし聴きます。これ

がParrot's Lawメソッドの仕上げ段階です。これにより、リスニングレベルは劇的に向上します。まったく未知のストーリーでも、英語で筋を追うことができるようになるのです。

　一生のうち一度、短い英文の朗読を100回くりかえして聴き、練習するだけで、発音とリスニングの壁を越えることができるのです。英語学習の早い時期に絶対に実施すべきトレーニングだと考えています。

● **オーディオブックス**
　アメリカでは、ベストセラーをオーディオブックで楽しむスタイルが普及しています。ストーリーを味わいながら英語のリスニングスキルを伸ばしたいなら、オーディオブックスを聴いて想像力を働かせることがとても効果的です。しかしその一方で、ネイティブスピーカーを対象とした一般のオーディオブックスをいきなり聴いて挫折してしまう人がたくさんいることも事実です。日本の読者に向けた『IBCオーディオブックス』なら、楽しみながらParrot's Lawメソッドを実行することができます。『IBCオーディオブックス』のラインナップからお好きなものをチョイスして、挫折することなしにストーリーを楽しんでみてください。

『IBCオーディオブックス』活用法

　前述したようにアメリカでは、ベストセラーをオーディオブックスで楽しむスタイルが一般化しています。ストーリーを楽しみつつ英語のリスニングスキルを伸ばしたい人に、オーディオブックスはとても効果的だといえます。ところが、日本人英語学習者がいきなりネイティブスピーカー用のオーディオブックスを聴いても、スピードや語彙の問題から、挫折感を味わうだけとなってしまうかもしれません。英語初心者でも楽しみながら英語に親しめる『IBCオーディオブックス』は、いままでまとめて長時間の英語の音声に触れる機会がなかった日本の英語学習者に、初級から上級まで、幅広い音声を提供します。語彙のレベルや朗読のスピードが豊富なラインナップからお好みのタイトルを選び、上手に活用していただければ、リスニングをマスターすることが可能になります。

　では具体的に、『IBCオーディオブックス』を120%使いこなす方法を説明しましょう。

1　自分の心のままに「お気に入り」のトラックをみつける

　まず、『IBCオーディオブックス』のCD全体を、「テキストを見ずに」聴いてください。聴きかたは、音楽CDと同じ感覚でけっこうです。たとえば、買ったばかりの音楽CDを聴くときは、ひととおり聴いて、自分はどの曲が好きで、どの曲が嫌い、と心でチェックを入れています。『IBCオーディオブックス』のCDもまず全体を通して聴いてみて、自分の好きな曲＝トラックをみつけてみます。

聴いてみて内容が半分ぐらい理解できるようでしたら、テキストを見ないままで何度か続け、好きなトラックをみつけてください。ほとんど理解できない場合は、テキストを見ながら聴いて好きなトラックを選んでもかまいませんが、あくまでも基本は、「テキストを見ないで聴く」ことです。

　最初からほとんど聴き取れてしまった方は、次のステップ②へ進んでください。

　お気に入りのトラックをみつけたら、そこを何度もくりかえし聴いて、リスニングと朗読の練習をしましょう。Parrot's Lawのメソッドの第一歩、短いパートを100回くりかえす方法の実践です。くりかえし回数のめやすはだいたい以下のとおりですが、「自分が納得できるまで」を原則とします。100回より多くても少なくてもけっこうです。
　また、気に入ったトラックは携帯オーディオ機器に入れて持ち歩くと、空き時間をみつけてリスニング回数をかせぐことができますので、おすすめです。

●30回程度、テキストを見ないで、ひたすらリスニングをおこなう。
●次の30回は、テキストを見ながら、内容を理解する。
●次の30回は、CDに続いて自分でも声を出して発音する。
●次の10回で、テキストを見ないでリスニングが100%になった状態を確認する。

　これだけの練習を終えるころには、自分が選んだトラックについては、すべて理解できるようになっていることと思います。時間的には短いですが、練習の最後には、「リスニング100%」の状態を体験してみることが重要です。テキストを見ながら内容を理解している段階においては、積極的に辞書を引いて、発音もチェックしておい

てください。聴くだけでなく自分自身でも発音してみる次のステップに入るころには、文章をほぼ暗記できていると思います。

　短めの1トラックを題材にして、じゅうぶんすぎるくらいに練習できたら、いよいよ、1冊全部を聴いてみてください。練習する前とくらべて驚くほど聴き取れるようになっている自分を発見するはずです。

2　リスニングと朗読の練習をする

　ステップ①では、短めの1トラックだけに集中しましたが、このステップ②では、20分から30分程度の長めのリスニングをおこないます。ステップ①で選んだトラックを含む、前後20分程度のトラックを連続してくりかえし聴き、あわせて発音練習もします。全部で100回といいたいところですが、20回から30回でもじゅうぶんだと思います。聴きかたと練習法については、下記を参考にしてください。

- 10回程度、テキストを見ないで、ひたすらリスニングをおこなう。
- 次の10回は、テキストを見ながら、内容を理解する。
- 次の10回は、CDに続いて自分でも声を出して発音する。
- 次の5回で、テキストを見ないで、リスニングが100%になった状態を確認する。

3　ストーリーを楽しむ

　以上の練習でリスニング力と正しい発音がしっかりと身についてきます。自分でもじゅうぶん練習したと納得できたら、本1冊分、トラック全部を通して聴いてみてください。練習を始める前とは見違えるように聴き取れると思います。リスニングでストーリーを追える自分に気づいて感動すると思います。この感動が、英語の学習を続ける大きなモチベーションになります。

英語でストーリーを楽しむという経験を味わうことによって、いままでの英語学習方法に変化が起きてきます。たとえば、子音・母音の発音方法についてもっと興味がわいてきて、真の発音練習ができるようになったりします。自身の語彙不足に気づいたり、これまで発音を正確に身につけていなかったことなどに気づくことで、辞書を引いたときにはその単語の発音までもチェックするようになります。いったんストーリーを楽しめるようになると、英語を語順のとおり直接理解していく習慣がつきます。英文をいちいち日本語に直したり、文末から後戻りしないと理解できないという状態が改善されます。洋書を読んでいても文章を単語の発音と結びつけられるようになります。聴くときも、読むときも、バラバラの単語単位ではなくて、複数の単語どうしのかたまりで意味をとらえていけるようになります。

　英会話や、英語でのプレゼンテーションにもよい影響が出始めます。発音の指導をしていると、「発音明快・意味不明」の人に出会います。発音はネイティブスピーカーレベルなのですが、目をつぶって聴いていても意味が伝わってこない人のことです。そうなってしまう最大の原因は、「伝える」ということを明確にイメージせずに、ただ英語を話しているところにあります。そうすると英語のイントネーションや、単語のかたまりごとのスピード調節、間の取りかたなどがないがしろにされてしまい、聴き手に意味が伝わらないのです。たとえネイティブスピーカーでも英単語をぶつ切りにして話をされれば、意味がわからなくなってしまうのです。ところが、リスニングによってストーリーを楽しめる段階までくれば、この「発音明快・意味不明」の状態は自然に改善されていきます。ストーリーを楽しめることは、ネイティブスピーカーの聴こえかたに近づいてくるからです。

4　『IBCオーディオブックス』のさきにあるもの

　自信がついてきたら、さらに『IBCオーディオブックス』からほかのタイトルを選んで楽しんでください。日本人の英語学習者は、そもそも英語に触れる絶対量が不足しているので、もっと積極的に英語に触れる機会をつくる必要があるのです。『IBCオーディオブックス』には難易度に合わせたレベル表示があるので、それを参考に、どんどんレベルの高いストーリーに進んでください。ただし、それを勉強としてとらえてしまってはいけません。楽しみながら実践した結果として大量の英語に触れている、というのが理想的です。英語に触れることを日常の習慣として取り入れることから始めるのです。

　そして、だんだんと実力がついてきたら、好きな映画やペーパーバック、海外のオーディオブックなども取り入れてみましょう。1日1時間としても、楽しみながら、1週間で7時間もの間、英語に触れていることが可能となります。それだけの時間、英語漬けといえる環境に身を置けば、英語を流しっぱなしにしているだけでも、どんどん実力がアップしていくでしょう。

　皆さんも『IBCオーディオブックス』で、英語を聴くことの楽しみを自分のものにしていってください。

- 本書のテキストは小社より刊行の「ラダーシリーズ」と共通です。
- 「あらすじ」のトラック番号は付属のCDに対応しています。2枚組のときは左がCD、右がトラックの番号となります。
- 本書のCDは、CDプレーヤーでご利用ください。パソコンのCDドライブなどでは正常に再生できない場合があります。

はじめに
3

『IBCオーディオブックス』活用法
8

あらすじ
14

Gon, the Fox
17

Buying Some Gloves
39

Word List
60

14 あらすじ

TRACK 1
p.19~

Gon, the Fox: Chapter 1
昔、中山という場所に小さな城があり、その近くの山に、「ごん」という名前の小ぎつねが住んでいた。ごんは、村に出かけていっては村人たちにいたずらばかりしていた。ある日、ごんは川で魚を捕っている兵十(ひょうじゅう)を見かける。ごんは兵十の捕った魚をみんな川に逃がし、うなぎまで盗んで山へと逃げ帰った。(5分39秒)

キーワード
- [ ] castle
- [ ] village
- [ ] lord
- [ ] tricks
- [ ] rapeseed
- [ ] grass
- [ ] banks
- [ ] mud
- [ ] eel
- [ ] wrapped

TRACK 2
p.26~

Gon, the Fox: Chapter 2
2日後、村でお葬式が行われた。いつもは元気で明るい兵十の悲しそうな表情を見て、ごんは兵十の母親が死んだことを知る。その夜、山に戻ったごんは、自分が盗んだうなぎは兵十が病気の母親のために捕ったものだったのではないかと考えた。ごんは、自分のしたことをひどく悔やんだ。(3分31秒)

キーワード
- [ ] farm
- [ ] putting on make-up
- [ ] festival
- [ ] shrine
- [ ] clothes
- [ ] funeral
- [ ] graveyard
- [ ] hill
- [ ] energy

TRACK 3
p.29~

Gon, the Fox: Chapter 3
自分と同じひとりぼっちになった兵十を見て、かわいそうに思ったごんは、魚屋から魚を盗み出し、兵十の家の前にそっと置いておいた。ところが翌日、様子を見にいくと、兵十の顔に傷があった。ごんのせいで盗人だと思われて、魚屋に殴られたのだ。ごんは、その日から毎日のように栗やマツタケを兵十のもとに届けるようになる。(3分13秒)

キーワード
- [ ] poor
- [ ] dead
- [ ] alone
- [ ] fish seller
- [ ] ran off
- [ ] far away
- [ ] chestnuts
- [ ] cut
- [ ] fault
- [ ] mushrooms

あらすじ | 15

TRACK 4
p.32~

Gon, the Fox: Chapter 4
ある満月の夜、散歩に出かけたごんは、兵十と加助が連れ立って歩いているのを見かけた。ごんはこっそり2人の後をつけ、兵十が「最近毎日のように誰かが家の前に栗を置いていく」と話しているのを聞く。やがて兵十と加助は、吉兵衛の家に入っていった。(2分47秒)

キーワード
- [ ] decided
- [ ] insects
- [ ] closer
- [ ] strange
- [ ] followed
- [ ] surprised
- [ ] catch sight of
- [ ] temple block
- [ ] monk
- [ ] prayer

TRACK 5
p.34~

Gon, the Fox: Chapter 5
兵十と加助が吉兵衛の家から出てくるのを待っていたごんは、再び2人の後を追った。加助は、兵十の身に起きている不思議な出来事は、ひとりぼっちになった兵十をかわいそうに思った神様の仕業に違いないと言った。(1分19秒)

キーワード
- [ ] reached
- [ ] spoke up
- [ ] has to be
- [ ] god
- [ ] feels sorry
- [ ] probably

TRACK 6
p.36~

Gon, the Fox: Chapter 6
翌日、ごんはいつものように栗を持って兵十の家に行った。しかし、裏から家の中に入る姿を、外で仕事をしていた兵十に見られてしまう。「うなぎを盗んだあのごんぎつねめが、またいたずらをしにやってきたな」 そうはさせるかと立ち上がった兵十は、火縄銃を手に取るのだった……。(1分37秒)

キーワード
- [ ] back
- [ ] inside
- [ ] looked up
- [ ] rifle
- [ ] hanging
- [ ] shot
- [ ] fell to
- [ ] ground
- [ ] brought
- [ ] smoke

16 | あらすじ

TRACK 7
p.41~

Buying Some Gloves: Chapter 1
ある朝目覚めると、外は一面の雪景色。初めて見る雪にはしゃぐ子ぎつねだったが、雪の冷たさで両手が真っ赤になってしまう。母さんぎつねはかわいそうに思い、町に手袋を買いに行こうとするが、恐ろしい人間のことを思うと足がすくんでしまう。仕方なく子ぎつねだけを町に行かせることにした母さんぎつねは、子ぎつねの左手を人間の手に変え、帽子屋さんでその手を見せて手袋を買ってくるよう言い聞かせる。（9分58秒）

キーワード
- [ ] hole
- [ ] hurts
- [ ] bright
- [ ] surprised
- [ ] branches
- [ ] blew
- [ ] afraid
- [ ] farms
- [ ] ran after
- [ ] smelled
- [ ] knock
- [ ] hold out
- [ ] terrible

TRACK 8
p.51~

Buying Some Gloves: Chapter 2
町の帽子屋さんにたどり着いた子ぎつねは、ドアのすきまからもれる光のまぶしさに、間違ってきつねの手のほうを差し出してしまう。しかし、子ぎつねがちゃんとお金を持っていることが分かると、帽子屋の主人はドア越しに手袋を売ってくれたのだった。帰り道、1軒の家の前を通りかかった子ぎつねは、人間のお母さんが子どもに子守唄を歌っているのを聞く。子ぎつねは母さんぎつねが恋しくなり、母さんぎつねのもとへと走っていく。（6分35秒）

キーワード
- [ ] picture
- [ ] heard
- [ ] inside
- [ ] minute
- [ ] behind
- [ ] mistake
- [ ] on the way back
- [ ] voice
- [ ] sang
- [ ] calling out
- [ ] wrong

Gon, the Fox

Gon, the Fox

1

When I was little, I heard this story from an old man living in our village.

Back then, there was a small castle near the village in a place called Nakayama. The place took its name from the lord of the castle, Lord Nakayama. Not far from this place, a fox lived in a hole up in the mountains. The name of the fox was Gon.

Day and night Gon came down from the mountain and played tricks on the villagers.

Sometimes he went to the potato fields, dug up the potatoes, and threw them here and there. Sometimes he set fire to the rapeseed drying outside. Sometimes he pulled down

the chili peppers drying out in the back of the houses.

One autumn, it rained for three whole days. All that time, Gon stayed quietly in his hole. On the fourth day, the rain stopped, and Gon was happy to get outside once again. The sky was bright and clear. The birds were singing in the trees.

Gon went down to the little river that ran by the village. There were still little drops of rain on the grass. Usually the river had only a little water in it, but now it ran over its banks. Some places that were always dry were now lying in water. Gon walked along the river. His feet were covered with mud.

When Gon looked up, he saw a man in the middle of the river. Gon entered the tall grass and went up close. When he got near enough, he looked out of the grass. "What is that man doing?" thought Gon.

"Ah, that's Hyoju," Gon said to himself. Hyoju was wearing an old, black kimono.

The kimono was pulled up to Hyoju's waist to keep it out of the water. Hyoju was catching fish with a big net called a *harikiri*. He was wearing a *hachimaki*, and a little round leaf was stuck to one side of his face.

One end of Hyoju's net looked like a bag. After a while, Hyoju pulled up this bag and looked inside. He saw sticks and leaves and roots, but he also saw some other things—some fish and an eel.

Hyoju took everything out of the bag and put it into a basket. Then he put the bag back into the water. Next Hyoju came out of the river and put the basket up on dry land. Then Hyoju started walking up the river.

Gon jumped out of the grass and went to look at the basket. Gon decided to play a

trick on Hyoju. One after another, Gon took the fish out of the basket and threw them back into the river. The fish quickly swam away.

Last of all, Gon tried to catch the eel. But he couldn't get a good hold on it. Finally Gon put his head into the basket and took hold of the eel's head with his mouth. The eel made a strange sound and wrapped its body around Gon's neck.

Just then, Hyoju came back and shouted, "Hey, you old fox!" Gon jumped up in surprise. He tried to throw off the eel, but he couldn't. So, with the eel still around his neck, Gon ran off as fast as he could.

When Gon got to his hole, he looked back. He thought that Hyoju might be following him, but he was happy to see that he wasn't. Then Gon took the head of the eel in his mouth again and killed it. He put the body on some leaves on the ground.

Gon, the Fox | 25

2

Two days later, Gon was walking by Yasuke's farm. He could see Yasuke's wife putting on make-up. When he passed by Shimbei's house, Shimbei's wife was doing up her hair.

"Ah, something is happening in the village today," Gon said to himself. "What could it be? It could be an autumn festival. But if it was a festival, I could hear the sound of music, but I can't. And most of all, the shrine doesn't look like a festival."

Soon Gon came to Hyoju's house. The house wasn't big, and it was getting old and broken down. Inside there was a group of people. The women were wearing their best clothes, and they were busy cooking.

"It must be a funeral," Gon thought. "Someone has died."

Around noon, Gon went to the village graveyard. It was a fine day, and he could see the castle up on the hill across the way. Red flowers covered the ground. A bell could be heard from the village. The bell meant that the funeral was starting.

Before long, Gon could see a line of people. They were all wearing white clothes. He could also hear their voices. Soon, the people went past, one by one. They walked over the flowers covering the ground.

Gon stood as tall as he could so that he could see better. Hyoju was wearing white clothes and carrying a piece of wood. On the wood was the dead person's name. Usually Hyoju looked happy and full of energy, but today he looked tired and sad.

"I see," Gon said to himself. "Hyoju's mother has died."

That night, back in his hole, Gon began to think. "When Hyoju's mother was sick in bed, she must have said she wanted to eat some eel. That's why Hyoju was fishing. But what did I do? I ran away with the eel. So Hyoju's mother had no eel to eat. And then she died. She was probably thinking about

the eel when she died. Ah, now I'm sorry that I took that eel."

3

Hyoju was working in front of his house. Hyoju was poor, but when his mother was alive, he was always happy. Now she was dead, and he was all alone.

"Hyoju is all alone," thought Gon. "Just like me." Gon was watching Hyoju from the back of the house. Just then, a voice cried out, "Fresh fish here! Get your fresh fish here!" It was the voice of a fish seller. Gon went to see.

There he saw Yasuke's wife. "Give me three of those fish," she said. The fish seller picked out the fish and took them into Yasuke's house. While the man was gone, Gon took some fish and ran off with them. He left the fish in Hyoju's house and went back to his hole. When he looked back, he could still see Hyoju in front of his house. Hyoju looked very small and far away.

"I did a good thing," Gon thought. "Now I

feel a little better about taking the eel."

The next day, Gon picked up a lot of chestnuts off the ground and went to Hyoju's house. Inside the house, Hyoju was eating his lunch. He was holding a rice bowl in his hand and looking off into space. There was a cut on Hyoju's face.

"What happened to Hyoju's face?" thought Gon.

Just then, Hyoju said to himself, "Someone put those fish in my house. But the fish seller thought I took them, and gave me this cut."

"What have I done now?" thought Gon. "It is my fault that the fish seller hit Hyoju in the face."

Gon then went around to the back of the house and left the chestnuts there. After that, he went back to his hole. The next day, Gon went again to Hyoju's house and left a lot of chestnuts and some mushrooms.

4

There was a full moon in the night sky, and Gon decided to go out for a walk. Insects were singing in the trees.

As Gon walked along, he heard some voices. He moved to one side of the road and into the grass so that he wouldn't be seen. The voices came closer and closer. They were the voices of Hyoju and the farmer Kasuke.

"Do you know what, Kasuke?" said Hyoju.

"No, what?" said Kasuke.

"These days, strange things keep happening."

"Like what?"

"Almost every day now," Hyoju said, "I find chestnuts in my house."

"Who would do a thing like that?" asked Kasuke.

"I have no idea," said Hyoju. "They do it when I'm not at home."

Gon followed the two men as they walked along.

"Is that so?" said Kasuke.

"Yes, it is," said Hyoju. "If you don't believe me, come over tomorrow. I'll show you the chestnuts."

"Well, life sure is strange," said Kasuke.

As the two men walked along, Kasuke suddenly turned and looked back. Gon was surprised, and he made himself very small. But Kasuke didn't catch sight of Gon, and the two men walked on.

When Hyoju and Kasuke came to Kichibei's farm, they went inside. Gon could hear the sound of a temple block. There was a light in the house, and Gon could see the head of a monk.

"Ah, they are saying prayers for somebody," Gon thought. After a while, some more people went into the house. The praying voices grew louder.

5

Gon waited outside Kichibei's house until Hyoju and Kasuke came out, and then he followed them. When they reached the castle, Kasuke spoke up.

"The thing you were talking about before—that must be the work of one of the gods."

"You think so?" said Hyoju, looking at Kasuke.

"I've been thinking about it. It has to be a god. Since you're all alone now, some god feels sorry for you. The god is giving you the chestnuts and things."

"Maybe," said Hyoju.

"So you should thank the gods," said Kasuke.

"You're probably right," said Hyoju.

Gon wasn't happy to hear that. "I gave him the chestnuts and mushrooms. Hyoju should thank *me*."

6

The next day, Gon took some chestnuts to Hyoju's house. Hyoju was working out in front. Gon went around to the back and then inside the house.

Just then, Hyoju looked up. "That's Gon, the fox," Hyoju said to himself. "It was him. He took the eel. And now he is going to play another trick on me. I'll stop him this time."

Hyoju picked up the rifle hanging by the door. And then, just as Gon was coming out of the house, Hyoju shot him.

Gon fell to the ground. Looking inside the house, Hyoju saw a lot of chestnuts. "What's this?" thought Hyoju. Then he looked down at Gon. "So you brought all the chestnuts?" he said.

Gon moved his head a little. He wanted to say, "Yes, it was me."

The rifle fell from Hyoju's hand to the ground. Smoke was still coming out one end.

Buying Some Gloves

Buying Some Gloves

Mother Fox and Little Fox lived in a hole in the forest. It was winter in the forest, and it was very, very cold.

One morning, Little Fox went out of the hole. But very soon he ran back to his mother. He was holding his eyes. "Something got in my eyes. It hurts. Please take it out!"

Mother Fox looked at Little Fox's eyes, but she saw nothing. Then Mother Fox looked outside the hole. The sun was high in the sky and shining on the snow. The light from the snow was very bright. It hurt Mother Fox's eyes. Now she understood. The bright light hurt Little Fox's eyes, too.

Later the same day, Little Fox went out to play. He ran around in the soft snow. The snow flew up into the air and changed colors in the bright sun. Then, suddenly, the snow above Little Fox made a big sound and fell down on his head. Little Fox was surprised and ran away as fast as he could. After running about ten meters, Little Fox stopped and looked back. Some snow had fallen from a tree. That's all. A little snow was still dropping down from the branches of the tree.

After a while, Little Fox went back inside. "My hands are cold. My hands are really, really cold," said Little Fox to Mother Fox. Little Fox held out his little hands to show her.

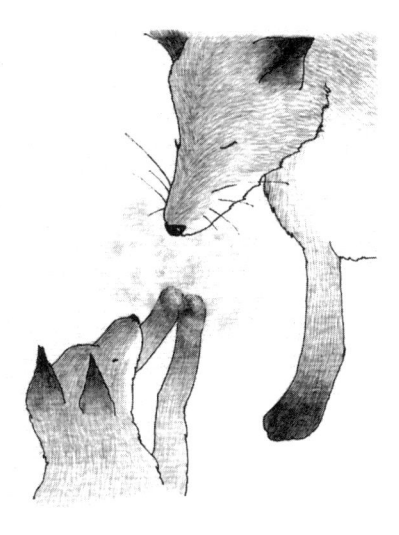

Mother Fox blew on Little Fox's hands to make them warm. Then she held Little Fox's hands in her own hands to warm them up.

"They'll get warm soon," said Mother Fox.

Mother Fox felt sorry for Little Fox. She decided to go to town that night to buy some gloves for him.

Night came, and everything became dark. But the night could not change the color of the snow. On the ground and in the trees, the snow was still very white.

46 | Buying Some Gloves

Mother Fox and Little Fox came out of their hole. Little Fox was a little afraid. As they walked along, Little Fox stayed under his mother. His eyes were bigger than usual. Little Fox looked around and around.

After a while, Mother Fox and Little Fox saw a light ahead. "Look," said Little Fox. "A star has fallen to the ground."

"That's not a star," said Mother Fox. "That's the light from the town."

Mother Fox remembered one night when she and a friend went to the town. The friend wanted to take a duck from one of the farms. Mother Fox didn't like the idea, but her friend didn't want to give it up. But the people at the farm saw them and ran after them, around and around and around. Mother Fox and her friend were very lucky to get away.

"What's wrong?" asked Little Fox. "Let's go." But Mother Fox couldn't move. She was too afraid. "Little Fox must go into town alone," she thought.

"Give me your left hand," Mother Fox said. She held Little Fox's hand in her hands for a while. When she opened her hands, Little Fox's hand was now a little human hand.

Little Fox looked at the human hand. He opened and closed it. He smelled it, too. "What is this? What is this strange thing?" asked Little Fox.

"That's a human hand," Mother Fox said. "Now listen to me. When you go to town, there will be many houses. Find the house that has a picture of a hat. When you find that house, knock on the door and say, 'Good evening.' The people inside will open the door a little. When they do that, hold out your left hand—the human hand—and say you want some small gloves. Understand? Don't hold out your right hand. Hold out your left hand."

"Why do I have to do that?"

"Because they won't sell you the gloves if they know you are a fox. In fact, they will try to catch you. Human beings are like that. They are terrible sometimes."

"They are?" said Little Fox.

"Don't hold out your right hand. Show them the left hand. OK?" Mother Fox then gave Little Fox two coins. She put them into Little Fox's left hand.

Little Fox started off toward the light coming from the town. After a while, the one light became two lights, then three, then ten. Just like the stars, they were different colors—red and yellow and blue. When he got to the town, Little Fox saw that all the houses were closed up. A warm light came from the windows and fell on the snow in the street.

Little Fox walked down the street and looked for the house with the picture of a hat. He saw pictures of bicycles and many other things. Some were new, and some were old. But they were all new to Little Fox, because this was Little Fox's first time in town.

Finally Little Fox found the house with the picture of a hat. It was a picture of a black hat, and there was a blue light above it.

Little Fox knocked on the door and called out, "Good evening."

Little Fox heard sounds inside the house. Then the door opened, just a little. A bright light came out into the night and fell on the snow.

Because of the light, Little Fox couldn't see for a minute. And when Little Fox held out his hand, he held out his right hand, not his left hand.

Little Fox said, "Give me some small gloves."

The man behind the door was a little surprised. "This is a fox's hand," he thought. "A fox has come to buy some gloves. Does it have money?"

So the man behind the door said, "First give me the money."

Little Fox did as he was asked and handed over the two coins. The man behind the door hit the two coins together. They made a good sound.

"This is real money, no mistake," the man behind the door thought. He went back in the house and got some children's gloves. He gave them to Little Fox. Little Fox said, "Thank you," and left.

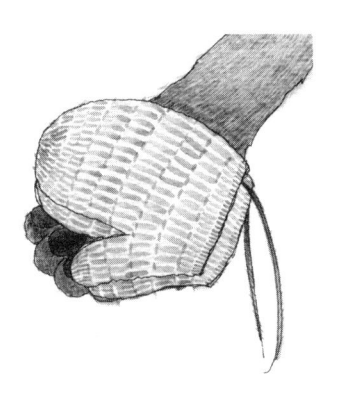

On the way back, Little Fox began to think: "Mother said that human beings are terrible sometimes. But the man behind the door saw my real hand, and he didn't do anything terrible."

As Little Fox passed one window, he heard a beautiful voice. Someone was singing.

> Sleep, my baby, sleep.
> Go to sleep in my arms.
> Sleep, my baby, sleep.
> Go to sleep next to my heart.

"That must be a mother singing to her baby," Little Fox thought. Little Fox's mother sang to him in the same way.

Then Little Fox heard the voice of a child. "Mama, it's so cold. The little foxes in the forest must be calling out, 'It's cold, Mama. It's cold.'"

"The little foxes must already be in their

holes," the mother said. "They are listening as their mothers sing and are getting ready for bed. Who can get to sleep first—my little baby or the little foxes? Go to sleep, my baby, go to sleep."

Suddenly Little Fox wanted to see his mother. He ran back to her as fast as he could.

Mother Fox was full of worry. She thought, "When is my baby coming back? When is my baby coming back?" When Little Fox did come back, she held him in her warm arms.

Mother Fox and Little Fox returned home to their hole. The moon was out, and Mother Fox and Little Fox looked beautiful under the light of the moon. Their feet left small holes in the white snow.

"Human beings aren't so terrible," said Little Fox.

"Why do you say that?" asked Mother Fox.

"I held out the wrong hand, but the man behind the door didn't try to catch me. And I got these nice, warm gloves!"

Mother Fox didn't know what to say. But in her heart of hearts, she kept asking the same question: "Are human beings really good? Are they really good?"

Buying Some Gloves | 59

Word List

- 語形が規則変化する語の見出しは原形で示しています。不規則変化語は本文中で使われている形になっています。
- 一般的な意味を紹介していますので、一部の語で本文で実際に使われている品詞や意味と合っていないことがあります。
- 品詞は以下のように示しています。

名名詞	代代名詞	形形容詞	副副詞	動動詞	助助動詞
前前置詞	接接続詞	間間投詞	冠冠詞	略略語	俗俗語
熟熟語	頭接頭語	尾接尾語	記記号	関関係代名詞	

A

- **a** 冠 ①1つの, 1人の, ある ②~につき
- **about** 副 ①およそ, 約 ②まわりに, あたりを 前 ①~について ②~のまわりに[の] How about ~? ~はどうですか。~はしませんか。 What about ~? ~についてあなたはどう思いますか。~はどうですか。
- **above** 前 ①~の上に ②~より上で, ~以上で ③~を超えて 副 ①上に ②以上に 形 上記の 名《the –》上記の人[こと]
- **across** 前 ~を渡って, ~の向こう側に, (身体の一部に)かけて 副 渡って, 向こう側に come across ふと出会う[見つける]
- **afraid** 形 ①心配して ②恐れて, こわがって I'm afraid (that) ~ 残念ながら~, 悪いけれど~
- **after** 前 ~の後に[で], ~の次に after all 結局 After you. どうぞお先に。 one after another 次々に 副 後に[で] 接 (~した)後に[で]
- **again** 副 再び, もう一度
- **ah** 間《驚き・悲しみ・賞賛などを表して》ああ, やっぱり
- **ahead** 副 ①前方へ[に] ②前もって ③進歩して, 有利に go ahead 先に行く、《許可を表す》どうぞ
- **air** 名 ①《the –》空中, 空間 ②空気,《the –》大気 ③雰囲気, 様子
- **alive** 形 ①生きている ②活気のある, 生き生きとした
- **all** 形 すべての 代 全部, すべて(のもの[人]) not ~ at all 少しも[全然]~ない 名 全体 副 まったく, すっかり all right よろしい, 申し分ない
- **almost** 副 ほとんど, もう少しで(~するところ)
- **alone** 形 ただひとりの 副 ひとりで, ~だけで
- **along** 前 ~に沿って 副 前へ, ずっと, 進んで get along やっていく, はかどる

- **already** 副すでに, もう
- **also** 副〜も(また), 〜も同様に 接その上, さらに
- **always** 副いつも, 常に not always 〜 必ずしも〜であるとは限らない
- **an** 冠①1つの, 1人の, ある ②〜につき
- **and** 接①そして, 〜と… ②《同じ語を結んで》ますます ③《結果を表して》それで, だから and so on 〜など
- **another** 形①もう1つ[1人]の ②別の 代①もう1つ[1人] ②別のもの one another お互いに
- **anything** 代①《疑問文で》何か, どれでも ②《否定文で》何も, どれも(〜ない) ③《肯定文で》何でも, どれでも anything but 〜 〜のほかは何でも, 少しも〜でない 副いくらか
- **are** 動〜である, (〜に)いる[ある]《主語がyou, we, theyまたは複数名詞のときのbeの現在形》名アール《面積単位。100平方メートル》
- **arm** 名①腕 ②腕状のもの, 腕木, ひじかけ ③《-s》武器, 兵器 動武装する[させる]
- **around** 副①まわりに, あちこちに ②およそ, 約 前〜のまわりに, 〜のあちこちに
- **as** 接①《as 〜 as …の形で》…と同じくらい〜 ②〜のとおりに, 〜のように ③〜しながら, 〜しているときに ④〜するにつれて, 〜にしたがって ⑤〜なので ⑥〜だけれども ⑦〜する限りでは as 〜 as one can できる限り〜 as for 〜 〜はどうかというと as if [though] 〜 まるで〜のように as to 〜 〜については, 〜に応じて just as 〜と同時に 前①〜として(の) ②〜の時 副同じくらい 代①〜のような ②〜だが
- **ask** 動①尋ねる, 聞く ②頼む, 求める
- **at** 前①《場所・時》〜に[で] ②《目標・方向》〜に[を], 〜に向かって
- **autumn** 名秋
- **away** 副離れて, 遠くに, 去って, わきに 形離れた, 遠征した 名遠征試合

B

- **baby** 名①赤ん坊 ②《呼びかけで》あなた 形①赤ん坊の ②小さな
- **back** 名①背中 ②裏, 後ろ 副①戻って ②後ろへ[に] 形裏の, 後ろの
- **bad** 形①悪い, へたな ②気の毒な That's too bad. 残念だ。
- **bag** 名袋, かばん 動袋に入れる, つかまえる
- **bank** 名①銀行 ②堤防, 岸 動①(銀行と)取引する ②積み上げる
- **basket** 名かご, バスケット, びく
- **be** 動〜である, (〜に)いる[ある], 〜となる 助①《現在分詞とともに用いて》〜している ②《過去分詞とともに用いて》〜される, 〜されている
- **beautiful** 形美しい, すばらしい 間いいぞ, すばらしい
- **became** 動become (なる)の過去
- **because** 接(なぜなら)〜だから, 〜という理由[原因]で because of 〜 〜のために, 〜の理由で
- **bed** 名①ベッド, 寝所 ②花壇, 川床, 土台 go to bed 床につく, 寝る
- **been** 動be (〜である)の過去分詞 助be (〜している・〜される)の過去

分詞
- **before** 前 ～の前に[で], ～より以前に 接 ～する前に 副 以前に
- **began** 動 begin (始まる)の過去
- **behind** 前 ①～の後ろに, ～の背後に ②～に遅れて, ～に劣って 副 ①後ろに, 背後に ②遅れて, 劣って
- **believe** 動 信じる, 信じている, (～と)思う, 考える
- **bell** 名 ベル, 鈴, 鐘 動 ①(ベル・鐘が)鳴る ②ベル[鈴]をつける
- **best** 形 最もよい, 最大[多]の 副 最もよく, 最も上手に best of all なによりも, いちばん 名《the－》①最上のもの ②全力, 精いっぱい at one's best 最高の状態で at (the) best せいぜい, よくても do one's best 全力を尽くす
- **better** 形 ①よりよい ②(人が)回復して 副 ①よりよく, より上手に ②むしろ had better ～ ～するほうがよい, ～しなさい
- **bicycle** 名 自転車
- **big** 形 ①大きい ②偉い, 重要な 副 ①大きく, 大いに ②自慢して
- **bird** 名 鳥
- **black** 形 黒い, 有色の 名 黒, 黒色
- **blew** 動 blow (吹く)の過去
- **blue** 形 ①青い ②青ざめた ③憂うつな, 陰気な 名 青(色)
- **body** 名 ①体, 死体, 胴体 ②団体, 組織 ③主要部, (文書の)本文
- **branch** 名 ①枝 ②支流, 支部 動 枝を広げる, 枝分かれする
- **bright** 形 ①輝いている, 鮮明な ②快活な ③利口な 副 輝いて, 明るく
- **broken** 動 break (壊す)の過去分詞 形 ①破れた, 壊れた ②落胆した

- **brought** 動 bring (持ってくる)の過去, 過去分詞
- **busy** 形 ①忙しい ②(電話で)話し中で ③にぎやかな, 交通が激しい
- **but** 接 ①でも, しかし ②～を除いて 前 ～を除いて, ～のほかは 副 ただ, のみ, ほんの
- **buy** 動 買う, 獲得する 名 購入, 買った[買える]物
- **by** 前 ①《位置》～のそばに[で] ②《手段・方法・行為者・基準》～によって, ～で ③《期限》～までには ④《通過・経由》～を経由して, ～を通って 副 そばに, 通り過ぎて

C

- **call** 動 ①呼ぶ, 叫ぶ ②電話をかける ③立ち寄る call out (大声で)呼ぶ, 叫ぶ 名 ①呼び声, 叫び ②電話(をかけること) ③短い訪問
- **came** 動 come (来る)の過去
- **can** 助 ①～できる ②～してもよい ③～でありうる ④《否定文で》～のはずがない Can I ～? ～してもよいですか? Can you ～? ～してくれますか? 名 缶, 容器 動 缶詰[瓶詰]にする
- **carry** 動 ①運ぶ, 連れていく, 持ち歩く ②伝わる, 伝える carry on ～ ～を続ける carry out 実行する, 成し遂げる
- **castle** 名 城, 大邸宅
- **catch** 動 ①つかまえる ②追いつく ③(病気に)かかる catch up with ～ ～に追いつく 名 つかまえること, 捕球
- **change** 動 ①変わる, 変える ②交換する ③両替する 名 ①変化, 変更

②取り替え, 乗り換え ③つり銭, 小銭
- **chestnut** 名クリ(栗) 形栗色の, 栗毛の
- **child** 名子ども
- **children** 名child (子ども)の複数
- **chili pepper** 名唐辛子
- **clear** 形①はっきりした, 明白な ②澄んだ ③(よく)晴れた 動①はっきりさせる ②片づける ③晴れる 副①はっきりと ②すっかり, 完全に
- **close** 形①近い ②親しい ③狭い 副①接近して ②密集して 動①閉まる, 閉める ②終える, 閉店する
- **clothes** 動 clothe (服を着せる)の3人称単数現在 名衣服, 身につけるもの
- **coin** 名硬貨, コイン 動 (硬貨を)鋳造する
- **cold** 形①寒い, 冷たい ②冷淡な, 冷静な 名①寒さ, 冷たさ ②風邪
- **color** 名①色, 色彩 ②絵の具 ③血色 動色をつける
- **come** 動①来る, 行く, 現れる ②(出来事が)起こる, 生じる ③~になる come about 起こる come off 取れる, はずれる come up with ~ ~に追いつく, ~を思いつく, ~を提案する
- **cook** 動料理する, (食物が)煮える 名料理人, コック
- **could** 助 can (~できる)の過去 Could you ~? ~してくださいますか?
- **cover** 動①覆う, 包む, 隠す ②扱う, (~に)渡る ③代わりを務める 名覆い, カバー
- **cry** 動泣く, 叫ぶ, 大声を出す, 嘆く cry out 大声で叫ぶ 名泣き声, 叫び, かっさい
- **cut** 動①切る, 刈る ②短縮する, 削る 名①切ること, 切り傷 ②削除 ③ヘアスタイル give ~ a cut ~に傷を負わせる

D

- **dark** 形①暗い, 闇の ②(色が)濃い ③陰うつな 名①《the –》暗がり, 闇 ②日暮れ, 夜 ③暗い色[影]
- **day** 名①日中, 昼間 ②日, 期日 ③《-s》時代, 生涯
- **dead** 形①死んでいる, 活気のない, 枯れた ②まったくの 名《the –》死者たち, 故人 副完全に, まったく
- **decide** 動決定[決意]する, (~しようと)決める, 判決を下す
- **did** 動 do (~をする)の過去 助 do の過去
- **die** 動死ぬ, 消滅する
- **different** 形異なった, 違った, 別の, さまざまな
- **do** 助①《ほかの動詞とともに用いて現在形の否定文・疑問文をつくる》 ②《同じ動詞を繰り返すかわりに用いる》 ③《動詞を強調するのに用いる》 動~をする do away with ~ ~を廃止する do with ~ ~を処理する do without ~ ~なしですませる
- **does** 動 do (~をする)の3人称単数現在 助 do の3人称単数現在
- **done** 動 do (~をする)の過去分詞
- **door** 名①ドア, 戸 ②一軒, 一戸
- **down** 副①下へ, 降りて, 低くなって ②倒れて 前~の下方へ, ~を下って 形下方の, 下りの
- **drop** 動①(ぽたぽた)落ちる, 落とす

- ②下がる, 下げる **drop in** ちょっと立ち寄る 名しずく, 落下
- ☐ **dry** 形①乾燥した ②辛口の 動乾燥する[させる], 干す
- ☐ **duck** 名①アヒル(家鴨)
- ☐ **dug** 動 dig(掘る)の過去, 過去分詞

E

- ☐ **eat** 動食べる, 食事する
- ☐ **eel** 名ウナギ(鰻)
- ☐ **end** 名①終わり, 終末, 死 ②果て, 末, 端 ③目的 **in the end** とうとう, 最後には 動終わる, 終える
- ☐ **energy** 名①力, 勢い ②元気, 精力, エネルギー
- ☐ **enough** 形十分な, (~するに)足る 名十分(な量[数]), たくさん **enough of ~** ~はもうたくさん 副(~できる)だけ, 十分に, まったく **cannot do enough** いくら~してもしたりない
- ☐ **enter** 動①入る, 入会[入学]する[させる] ②記入する
- ☐ **evening** 名①夕方, 晩 ②《the [one's] – 》末期, 晩年, 衰退期 **Good evening.** こんばんは。
- ☐ **every** 形①どの~も, すべての, あらゆる ②毎~, ~ごとの
- ☐ **everything** 代すべてのこと[もの], 何でも, 何もかも
- ☐ **eye** 名①目, 視力 ②眼識, 観察力 ③注目 **catch one's eye** ~の注意[目]を引く **keep an eye on ~** ~から目を離さない

F

- ☐ **face** 名①顔, 顔つき ②外観, 外見 ③(時計の)文字盤, (建物の)正面 **face to face** 面と向かって, 差し向かいで **in (the) face of ~** ~の面前で, ~に直面して 動直面する, 立ち向かう
- ☐ **fact** 名事実, 真相 **in fact** 実は, 要するに
- ☐ **fallen** 動 fall(落ちる)の過去分詞 形落ちた, 倒れた
- ☐ **far** 副遠くに, はるかに, 離れて **as far as ~** ~と同じくらい遠く, ~まで, ~する限り(では) **by far** はるかに, 断然 **far from ~** ~から遠い, ~どころか **so far** 今までのところ, これまでは 形遠い, 向こうの 名遠方
- ☐ **farm** 名農場, 農家 動(~を)耕作する
- ☐ **farmer** 名農民, 農場経営者
- ☐ **fast** 形①(速度が)速い ②(時計が)進んでいる ③しっかりした 副①速く, 急いで ②(時計が)進んで ③しっかりと, ぐっすりと
- ☐ **fault** 名①欠点, 短所 ②過失, 誤り **at fault** 誤って, 非難されるべき **find fault with ~** ~のあら捜しをする 動とがめる
- ☐ **feel** 動感じる, (~と)思う **feel for ~** ~に同情する, ~を手さぐりで探す **feel like ~** ~がほしい, ~したい気がする, ~のような感じがする
- ☐ **feet** 名① foot(足)の複数 ②フィート《長さの単位。約30cm》
- ☐ **fell** 動 fall(落ちる)の過去
- ☐ **felt** 動 feel(感じる)の過去, 過去分詞 名フェルト 形フェルト(製)の
- ☐ **festival** 名祭り, 祝日, ~祭

- **field** 名①野原, 田畑, 広がり ②(研究)分野 ③競技場
- **finally** 副最後に, ついに, 結局
- **find** 動①見つける ②(〜と)わかる, 〜と考える ③得る
- **fine** 形①元気な ②美しい, りっぱな ③晴れた ④細かい, 微妙な 副りっぱに, 申し分なく 動罰金を科す 名罰金
- **fire** 名①火, 炎, 火事 ②砲火, 攻撃 set fire to〜 〜に火をつける 動①発射する ②解雇する ③火をつける
- **first** 名最初, 第1(の人[物]) at first 最初は, 初めのうちは 形①第1の, 最初の ②最も重要な 副第一に, 最初に first of all 何よりもまず
- **fish** 名魚 動釣りをする
- **flew** 動 fly (飛ぶ)の過去
- **flower** 名①花, 草花 ②満開 動花が咲く
- **follow** 動①ついていく ②(〜の)結果として起こる ③(忠告などに)従う ④理解できる
- **for** 前①《目的・原因・対象》〜にとって, 〜のために[の], 〜に対して ②《期間》〜間 ③《代理》〜の代わりに ④《方向》〜へ(向かって)
- **forest** 名森, 森林
- **found** 動 find (見つける)の過去, 過去分詞
- **fourth** 名第4番目(の人・物), 4日 形第4番目の
- **fox** 名キツネ(狐)
- **fresh** 形①新鮮な, 生気のある ②さわやかな, 清純な ③新規の
- **friend** 名友だち, 仲間
- **from** 前①《出身・出発点・時間・順序・原料》〜から ②《原因・理由》〜がもとで
- **front** 名正面, 前 形正面の, 前面の
- **full** 形①満ちた, いっぱいの, 満期の ②完全な, 盛りの, 充実した 名全部 in full 全部, 全額 to the full 十分に, 心行くまで
- **funeral** 名葬式, 葬列 形葬式の

G

- **gave** 動 give (与える)の過去
- **get** 動①得る, 手に入れる ②(ある状態に)なる, いたる ③わかる, 理解する ④〜させる ⑤(ある場所に)達する, 着く get away 逃げる
- **give** 動①与える, 贈る ②伝える, 述べる ③(〜を)する give in 降参する, (書類などを)提出する give off 発散する, 放つ give out 分配する, 発表する, 尽きる give up あきらめる, やめる
- **glove** 名手袋, グローブ
- **go** 動①行く, 出かける ②動く ③進む, 経過する, いたる ④(ある状態に)なる be going to do 〜するつもりである go by 経過する, 通り過ぎる go for 〜 〜に出かける, 〜を取りに行く, 〜を好む go off 立ち去る, 発射する go on 続く, 続ける, 進んで行く go up 〜に近づく go with 〜 〜と一緒に行く, 〜と調和する go without 〜 〜なしですませる
- **god** 名神 My god! 何ということだ!
- **Gon** 名ごんぎつね
- **gone** 動 go (行く)の過去分詞 形去った, 使い果たした
- **good** 形よい, 上手な, 優れた as good as 〜 〜も同然で, ほとんど〜

- **be good at ～** ～が得意である 形 よかった, わかった, よろしい 名 善, 徳, 益, 幸福
- **got** 動 get（得る）の過去, 過去分詞
- **grass** 名 草, 牧草（地）, 芝生 動 草[芝生]で覆う[覆われる]
- **graveyard** 名 墓地
- **grew** 動 grow（成長する）の過去
- **ground** 名 地面, 土 動 ①基づかせる ②着陸する ③grind（ひく）の過去, 過去分詞 形（粉に）ひいた, すった
- **group** 名 集団, 群 動 集まる
- **guess** 動 ①～を推測する, ～を言い当てる ②～と思う 名 推定, 憶測

H

- **hachimaki** 名 はちまき
- **had** 動 have（持つ）の過去, 過去分詞 助 haveの過去《過去完了の文をつくる》 had better do ～したほうがよい had to do ～しなければならなかった Some snow had fallen from a tree. 雪が木から落ちていたのだった。
- **hair** 名 髪, 毛
- **hand** 名 ①手 ②（時計の）針 ③援助の手, 助け at hand 近くに, 近づいて on hand 手元に on the other hand 他方では 動 手渡す hand in 差し出す, 提出する hand out 配る hand over 手渡す, 引き渡す, 譲渡する
- **hang** 動 かかる, かける, つるす, ぶら下がる hang on しがみつく, がんばる, （電話を）切らずに待つ hang up つるす, 電話を切る 名 ①かかり具合 ②《the –》扱い方, こつ
- **happen** 動 ①（出来事が）起こる, 生じる ②偶然[たまたま]～する
- **happy** 形 幸せな, うれしい, 幸運な, 満足して
- **harikiri** 名 はりきり《魚やうなぎなどを捕る網の一種》
- **has** 動 have（持つ）の3人称単数現在 助 haveの3人称単数現在《現在完了の文をつくる》
- **hat** 名（縁のある）帽子
- **have** 動 ①持つ, 持っている, 抱く ②（～が）ある, いる ③食べる, 飲む ④経験する,（病気に）かかる ⑤催す, 開く have to be ～にちがいない have to do ～しなければならない have to do with ～ ～と関係がある 助《〈have ＋過去分詞〉の形で現在完了の文をつくる》～した, ～したことがある, ずっと～している
- **he** 代 彼は[が]
- **head** 名 ①頭 ②先頭 ③長, 指導者 動 向かう, 向ける
- **hear** 動 聞く, 聞こえる I hear (that) ～ ～だそうだ
- **heard** 動 hear（聞く）の過去, 過去分詞
- **heart** 名 ①心臓, 胸 ②心, 感情, ハート ③中心, 本質 at heart 心底では, 実際は by heart 暗記して in one's heart of hearts 心の中で with all one's heart 心から
- **held** 動 hold（つかむ）の過去, 過去分詞
- **her** 代 ①彼女を[に] ②彼女の
- **here** 副 ①ここに[で] ②《Here is [are] ～》ここに～がある ③さあ, そら here and threre あちこちで[の] Here it is. はい, どうぞ。 Here we are. さあ着きました。 Here you are. はい, どうぞ。 Look here. ほら。

ねえ。 名ここ
- **hey** 間 ①《呼びかけ・注意を促して》おい, ちょっと ②へえ, おや, まあ
- **high** 形 ①高い ②気高い, 高価な 副 ①高く ②ぜいたくに 名高い所
- **hill** 名丘, 塚
- **him** 代彼を[に]
- **himself** 代彼自身
- **his** 代 ①彼の ②彼のもの
- **hit** 動 ①打つ, なぐる, ぶつける ②命中する hit on [upon] ~ ~を思いつく 名 ①打撃 ②命中 ③大成功 make a hit 大当たりする, 気に入られる, うまくやる
- **hold** 動 ①つかむ, 持つ, 抱く ②保つ, 持ちこたえる ③(会などを)開く hold out ~を差し出す 名 ①つかむこと, 保有 ②支配[理解]力 get a good hold on~ ~をしっかりつかむ take hold of ~ ~を捕らえる
- **hole** 名 ①穴, すき間 ②苦境, 困難 動穴をあける, 穴に入る[入れる]
- **home** 名 ①家, 自国, 故郷, 家庭 ②収容所 副家に, 自国へ 形家の, 家庭の, 地元の 動 ①家[本国]に帰る ②(飛行機などを)誘導する
- **house** 名 ①家, 家庭 ②(特定の目的のための)建物, 小屋
- **human** 形人間の, 人の 名人間 human being 人, 人間
- **hurt** 動傷つける, 痛む, 害する 名傷, けが, 苦痛, 害
- **Hyoju** 名兵十

I

- **I** 代私は[が]
- **idea** 名考え, 意見, アイデア, 計画 have no idea 全然分からない
- **if** 接もし~ならば, たとえ~でも, ~かどうか if any もしあるならば, たとえあるとしても 名疑問, 条件, 仮定
- **in** 前 ①《場所・位置・所属》~(の中)に[で・の] ②《時》~(の時)に[の・で], ~後(に), ~の間(に) ③《方法・手段》~で ④~を身につけて, ~を着て 副中へ[に], 内へ[に]
- **insect** 名虫, 昆虫
- **inside** 名内部, 内側 inside out 裏返しに, ひっくり返して 形内部[内側]にある 副内部[内側]に 前~の内部[内側]に
- **into** 前 ①《動作・運動の方向》~の中へ[に] ②《変化》~に[へ]
- **is** 動 be (~である) の3人称単数現在
- **it** 代 ①それは[が], それを[に] ②《天候・日時・距離・寒暖などを示す》
- **its** 代それの, あれの

J

- **jump** 動 ①跳ぶ, 跳躍する, 飛び越える ②(~を)熱心にやり始める 名 ①跳躍 ②急騰, 急転
- **just** 形正しい, もっともな, 当然な 副 ①ちょうど, (~した)ばかり ②ほんの, 単に, ただ~だけ ③ちょっと

K

- **Kasuke** 名加助
- **keep** 動 ①とっておく, 保つ, 続ける ②経営する ③守る keep doing ~し続ける keep off ~を避ける keep on doing ~し続ける, 繰り返し~す

- る keep out 外にいる, さえぎる, 締め出す keep to ~ ~から離れない, ~を守る keep up 続ける, 続く, 維持する
- **kept** 動 keep (とっておく) の過去, 過去分詞
- **Kichibei** 名 吉兵衛
- **kill** 動 殺す, 消す, 枯らす 名 殺すこと
- **kimono** 名 着物
- **knock** 動 ノックする, たたく, ぶつける 名 打つこと, 戸をたたくこと [音]
- **know** 動 ①知っている, 知る, (~がわかる, 理解している ②知り合いである Do you know what? ねえねえ。そうそう。 know better (than ~)(~より)もっと分別がある Who knows? 誰がわかるだろうか。 you know ご存知の通り, そうでしょう

L

- **land** 名 陸地, 土地 動 上陸する, 着陸する
- **last** 形 ①《the -》最後の ②この前の, 先~ ③最新の the last time ~ この前~した時 副 ①最後に ②この前 last of all 最後に 名《the -》最後(のもの), 終わり at last ついに 動 続く, 持ちこたえる
- **later** 形 もっと遅い, もっと後の 副 後で, 後ほど later on もっと後で, のちほど sooner or later 遅かれ早かれ
- **leaf** 名 葉
- **leaves** 名 leaf (葉) の複数 動 leave (出発する) の3人称単数現在
- **left** 名《the -》左, 左側 形 左の, 左側の 副 左に, 左側に 動 leave (出発

する)の過去, 過去分詞
- **let** 動 (人に~) させる, (~するのを)許す, (~をある状態に)する Let me see. ええと。
- **life** 名 ①生命, 生物 ②一生, 生涯, 人生 ③生活, 暮らし, 世の中 life sure is strange この世には確かに不思議なことがある
- **light** 名 光, 明かり come to light 明るみに出る 動 火をつける, 照らす, 明るくする 形 ①明るい ②(色が)薄い, 淡い ③軽い, 容易な make light of ~ ~を軽んじる 副 軽く, 容易に
- **like** 動 好む, 好きである would like ~ ~がほしいのですが would like to do ~したいのですが Would you like ~? ~はいかがですか。 前 ~に似ている, ~のような feel like ~ ~のように感じる, ~がほしい look like ~ ~のように見える, ~に似ている 形 似ている, ~のような 接 あたかも~のように
- **line** 名 ①線, 糸, 電話線 ②(字の)行 ③列, (電車の)~線 動 ①線を引く ②整列する
- **listen** 動《- to》~を聞く, ~に耳を傾ける
- **little** 形 ①小さい, 幼い ②少しの, 短い ③ほとんど~ない, 《a -》少しはある 名 少し(しか), 少量 little by little 少しずつ 副 全然~ない, 《a -》少しはある
- **live** 動 住む, 生きている 形 ①生きている, 生きた ②ライブの, 実況の 副 生で, ライブで
- **long** 形 長い, 長期の 副 長い間, ずっと no longer ~ もはや~でない [~しない] not ~ any longer もはや~でない [~しない] so [as] long

as ～ ～する限りは 图長い期間 before long 間もなく, やがて 動切望する, 思い焦がれる
- **look** 動①見る ②(～に)見える, (～の)顔つきをする ③注意する ④《間投詞のように》ほら, ねえ look after ～ ～の世話をする, ～に気をつける look down on ～ ～を見下す look for ～ ～を探す look off into space あらぬ方を見る look on 傍観する, 眺める 图①一見, 目つき ②外観, 様子
- **lord** 图首長, 主人, 領主
- **lot** 图①くじ, 運 ②地所, 区画 ③たくさん, たいへん, 《a – of, -s of》たくさんの～ ④やつ, 連中
- **loud** 形大声の, 騒がしい 副大声に[で]
- **lucky** 形幸運な, 運のよい, 縁起のよい
- **lunch** 图昼食, ランチ, 軽食
- **lying** 動 lie (うそをつく・横たわる) の現在分詞 形①うそをつく, 虚偽の ②横になっている 图①うそをつくこと, 虚言, 虚偽 ②横たわること

M

- **made** 動 make (作る) の過去, 過去分詞 形作った, 作られた
- **make** 動①作る, 得る ②行う, (～に)なる ③(～を…に)する, (～を…)させる make do with ～ ～で間に合わせる make it 到達する, 成功する make out 作成する, 理解する make up for ～ ～の埋め合わせをする
- **make-up** 图化粧
- **mama** 图ママ
- **man** 图男性, 人, 人類
- **many** 形多数の, たくさんの 代多数(の人[物])
- **maybe** 副たぶん, おそらく
- **me** 代私を[に]
- **meant** 動 mean (意味する) の過去, 過去分詞
- **men** 图 man (男性) の複数
- **meter** 图①メートル《長さの単位》②計量器, 計量する人
- **middle** 图中間, 最中 形中間の, 中央の
- **might** 助《may の過去》①～かもしれない ②～してもよい, ～できる 图力, 権力 with all one's might 全力で
- **minute** 图①(時間の)分 ②ちょっとの間 Just [Wait] a minute. ちょっと待って。 形ごく小さい, 細心の
- **mistake** 图誤り, 誤解, 間違い 動間違える, 誤解する
- **money** 图金, 通貨
- **monk** 图修道士, 僧
- **moon** 图月, 月光
- **more** 形①もっと多くの ②それ以上の, 余分の 副もっと, さらに多く, いっそう more and more ますます more or less 多少, 多かれ少なかれ no more もう～ない no more than ～ たった～, ほんの～ not any more もう～ない once more もう一度 the more ～, the more … ～すればするほどますます… 代もっと多くの物[人]
- **morning** 图朝, 午前
- **most** 形①最も多い ②たいていの, 大部分の 代①大部分, ほとんど ②最多数, 最大限 at (the) most せいぜい, 多くても make the most of ～

~を最大限利用する 副最も（多く）
most of all とりわけ, 中でも
- **mother** 名 母, 母親
- **mountain** 名 ①山 ②《the ~ M-s》~山脈 ③山のようなもの, 多量
- **mouth** 名 ①口 ②言葉, 発言
- **move** 動 ①動く, 動かす ②感動させる ③引っ越す, 移動する 名 ①動き, 運動 ②転居, 移動
- **mud** 名 ①泥, ぬかるみ ②つまらぬもの
- **mushroom** 名 ①キノコ, マッシュルーム ②キノコ状のもの 動 ①（キノコのように）急速に生じる, キノコ形になる ②キノコ狩りをする
- **music** 名 音楽, 楽曲
- **must** 助 ①~しなければならない ②~に違いない 名 絶対に必要なこと［もの］
- **my** 代 私の

N

- **Nakayama** 名 中山《地名・人名》
- **name** 名 ①名前 ②名声 ③《-s》悪口 by name 名前で, 名前だけは call ~ names ~の悪口を言う 動 ①名前をつける ②名指しする name after [for] ~ ~の名をとって命名する
- **near** 前 ~の近くに, ~のそばに 形 近い, 親しい 副 近くに, 親密で near at hand 手近に near by 近くに[の]
- **neck** 名 首, (衣服の)えり
- **net** 名 ①網, 網状のもの ②わな ③正味, 純益 形 正味の, 純益の 動 ①網でつかまえる ②純益を上げる
- **new** 形 ①新しい, 新規の ②新鮮な, できたての What's new? お変わりありませんか。
- **next** 形 ①次の, 翌~ ②隣の 副 ①次に ②隣に next to ~ ~の隣の, ~の次に 代 次の人［もの］
- **nice** 形 すてきな, よい, きれいな, 親切な Nice to meet you. お会いできてうれしい。
- **night** 名 夜, 晩
- **no** 副 ①いいえ, いや ②少しも~ない 形 ~がない, 少しも~ない, ~どころでない, ~禁止 名 否定, 拒否
- **noon** 名 ①正午, 真昼 ②《the - 》全盛期
- **not** 副 ~でない, ~しない not (~) at all まったく(~で)ない not ~ but … ~ではなくて… not yet まだ~してない
- **nothing** 代 何も~ない[しない] be good for nothing 何の役にも立たない come to nothing 失敗に終わる for nothing ただで, 無料で, むだに have nothing to do with ~ ~と何の関係もない nothing but ~ ただ~だけ, ~にすぎない think nothing of ~ ~を苦にしない, ~を軽視する
- **now** 副 ①今(では), 現在 ②今すぐに ③では, さて right now 今すぐに, たった今 名 今, 現在 by now 今のところ for now 当分の間, 当面は from now on 今後 形 今の, 現在の

O

- **of** 前 ①《所有・所属・部分》~の, ~に属する ②《性質・特徴・材料》~の, ~製の ③《部分》~のうち ④《分離・除去》~から
- **off** 副 ①離れて ②はずれて ③止ま

って ④休んで 形 ①離れて ②季節はずれの ③休みの 前 ～を離れて,～をはずれて,(値段が)～引きの

□ **OK** 形《許可・同意・満足などを表して。O.K.とも》よろしい,正しい 名 許可,承認 動 オーケー[承認]する

□ **old** 形 ①年取った,老いた ②～歳の ③古い,昔の ④いまいましい 名 昔,老人

□ **on** 前 ①《場所・接触》～(の上)に ②《日・時》～に,～と同時に,～のすぐ後で ③《関係・従事》～に関して,～について,～して 副 ①身につけて,上に ②前へ,続けて

□ **once** 副 ①一度,1回 ②かつて once in a while たまに,時々 once upon a time 昔々 名 一度,1回 all at once 突然 at once すぐに,同時に 接 いったん～すると

□ **one** 名 1(の数字),1人[個] one by one 1つずつ,ひとりずつ 形 ①1の,1人[個]の ②ある～ ③《the –》唯一の 代 ①(一般の)人,ある物 ②方,片方 ③～なもの

□ **only** 形 唯一の 副 ①単に,～にすぎない ②やっと if only ～ ～でありさえすれば not only ～ but (also) …～だけでなく…もまた 接 ただし,だがしかし

□ **open** 形 ①開いた,広々とした ②公開された 動 ①開く,始まる ②広がる,広げる ③打ち明ける

□ **or** 接 ①～か…,または ②さもないと ③すなわち,言い換えると

□ **other** 形 ①ほかの,異なった ②(2つのうち)もう一方の,(3つ以上のうち)残りの every other ～ 1つおきの～ the other day 先日 代 ①ほかの人[物] ②《the –》残りのひとつ 副 そうでなく,別に

□ **our** 代 私たちの

□ **out** 副 ①外へ[に],不在で,離れて ②(世に)出て ③消えて ④すっかり 形 ①外の,遠く離れた, ②公表された 前 ～から外へ[に] 動 ①追い出す ②露見する ③(スポーツで)アウトにする

□ **outside** 名 外部,外側 形 外部の,外側の 副 外へ,外側に 前 ～の外に[で・の・へ],～の範囲を越えて

□ **over** 前 ①～の上の[に],～を一面に覆って ②～を越えて,～以上に,～よりまさって ③～の向こう側の[に] ④～の間 副 ①上に,一面に,ずっと ②終わって,すんで over and over (again) 何度も繰り返して

□ **own** 形 自身の 動 持っている,所有する

P

□ **pass** 動 ①過ぎる,通る ②(年月が)たつ ③(試験に)合格する ④手渡す pass away 亡くなる pass by そばを通り過ぎる,経過する 名 ①通過 ②入場券,通行許可 ③合格,パス

□ **past** 形 過去の,この前の 名 過去(の出来事) 前 (時間が)～を過ぎて,～を越して 副 通り越して,過ぎて

□ **people** 名 ①(一般に)人々 ②民衆,世界の人々,国民,民族 ③人間

□ **person** 名 ①人 ②人格,人柄 in person (本人)自ら,自身で

□ **pick** 動 ①(花・果実などを)摘む,もぐ ②選ぶ,精選する ③つつく,つついて穴をあける,ほじくり出す ④(～を)摘み取る,選ぶ pick out えり抜く,選び出す pick up 拾い上げる,車で

迎えに行く, 習得する, 再開する, 回復する 名①《the –》精選したもの ②選択(権) ③つつくもの, つるはし

- **picture** 名絵, 写真, 《-s》映画 動描く, 想像する
- **piece** 名①一片, 部分 ②1個, 1本 ③作品
- **place** 名①場所, 建物 ②余地, 空間 ③《one's –》家, 部屋　give place to ~ ~に場所[地位]を譲る　in place of ~ ~の代わりに　some places that were always dry いつもは乾いている場所　take place 行われる, 起こる　take the place of ~ ~の代わりをする 動①置く, 配置する ②任命する, 任じる
- **play** 動①遊ぶ, 競技する ②(楽器を)演奏する, (役を)演じる 名遊び, 競技, 劇
- **please** 動喜ばす, 満足させる 間どうぞ, お願いします
- **poor** 形①貧しい, 貧弱な ②劣った, へたな ③不幸な
- **potato** 名いも, ジャガイモ
- **pray** 動祈る, 懇願する
- **prayer** 名①祈り, 祈願(文) ②祈る人
- **probably** 副たぶん, あるいは
- **pull** 動①引く, 引っ張る ②引きつける　pull down 落とす, 引き倒す 名①引くこと ②縁故, こね
- **put** 動①置く, のせる ②入れる, つける ③(ある状態に)する　put aside わきに置く　put away 片づける, 取っておく　put off 延期する, 要求をそらす, 不快にさせる, やめさせる　put up with ~ ~を我慢する

Q

- **question** 名質問, 疑問, 問題　come into question 問題になる, 議論される　in question 問題の, 論争中の 動①質問する ②調査する ③疑う
- **quickly** 副敏速に, 急いで
- **quietly** 副①静かに ②平穏に, 控えめに

R

- **rain** 名雨, 降雨　rain or shine 雨でも晴れでも, どんなことがあっても 動①雨が降る ②雨のように降る[降らせる]　be rained out (試合などが)雨で流れる
- **ran** 動 run (走る, 流れる)の過去
- **rapeseed** 名菜種(の種子)
- **reach** 動①着く, 到着する, 届く ②手を伸ばして取る 名手を伸ばすこと, (手の)届く範囲
- **ready** 形用意[準備]ができた, まさに~しようとする, 今にも~せんばかりの　get ready for bed 寝る用意をする 動用意[準備]する
- **real** 形実際の, 実在する, 本物の 副本当に
- **really** 副本当に, 実際に, 確かに
- **red** 形赤い 名赤, 赤色　get into red 赤字になる, 赤字を出す　in the red 赤字で
- **remember** 動思い出す, 覚えている, 忘れないでいる
- **return** 動帰る, 戻る, 返す 名①帰還, 返却 ②返答, 報告(書), 申告　by return 折り返し　in return (for ~)

(〜の)お返しに 形 ①帰りの, 往復の ②お返しの

□ **rice bowl** 名 茶碗

□ **rifle** 名 ライフル銃, 火縄銃

□ **right** 形 ①正しい ②適切な ③健全な ④右(側)の 副 ①まっすぐに, すぐに ②右(側)に ③ちょうど, 正確に　right away　すぐに　right now　ちょうど今　名 ①正しいこと ②権利 ③《the -》右, ライト ④《the R-》右翼

□ **river** 名 ①川 ②(溶岩などの)大量流出

□ **road** 名 ①道路, 道, 通り ②手段, 方法

□ **root** 名 ①根, 根元 ②根源, 原因 ③《-s》先祖, ルーツ　by the root(s)　根こそぎ　take [strike] root　根づく, 定着する　動 根づかせる, 根づく

□ **round** 形 ①丸い, 円形の ②ちょうど 副 ①回って ②周りに　go round　回って行く, 行き渡る　round and round　ぐるぐると　名 ①円, 球, 輪 ②回転 前 ①〜を回って ②〜の周囲に

□ **run** 動 ①走る ②運行する ③(川が)流れる ④経営する　run after　〜を追いかける　run away　逃げる　run off　逃げ去る　run over　〜からあふれ出る　名 ①走ること, 競走 ②連続, 続き ③得点

S

□ **sad** 形 ①悲しい, 悲しげな ②惨めな, 不運な

□ **said** 動 say(言う)の過去, 過去分詞

□ **same** 形 ①同じ, 同様の ②前述の(ような)〜　the same 〜 as [that] …　…と同じ(ような)〜　代《the -》同一の人[物] 副《the -》同様に

□ **sang** 動 sing(歌う)の過去

□ **saw** 動 ①see(見る)の過去 ②のこぎりで切る, のこぎりを使う 名 のこぎり

□ **say** 動 言う, 口に出す　not to say　〜とは言わないまでも　that is to say　すなわち　They say 〜　〜ということだ　to say nothing of 〜　〜は言うまでもなく　What do you say to 〜　〜はいかがですか　You can say that again.　まったくその通りだ。　say to oneself　思う, ひとりごとを言う　You don't say (so)!　まさか。 名 言うこと, 言い分　have one's say　言いたいことを言う　間 さあ, まあ

□ **see** 動 ①見る, 見える, 見物する ②(〜と)わかる, 経験する ③会う ④考える, 確かめる, 調べる ⑤気をつける　I see.　わかりました。　Let me see.　ええと。　see 〜 as …　〜を…と考える　See you (later).　ではまた。　you see　あのね, いいですか

□ **seen** 動 see(見る)の過去分詞

□ **sell** 動 売る, 売っている, 売れる　sell out　売り切る, 裏切る

□ **seller** 名 売る人, 売れるもの

□ **set** 動 ①置く, 当てる, 付ける ②整える, 設定する ③(太陽・月などが)沈む ④(〜を…の状態に)する, させる　set about 〜　〜に取りかかる　set in　始まる　set off　出発する, 発射する　set to 〜　〜に着手する　set up　立てる, (テントを)張る, 創設する, (商売などを〜として)始める　形 ①決められた, 固定した ②断固とした ③準備のできた 名 ①一そろい, セット ②受信機 ③(テニスなどの)セット ④舞台装

置, セット
- **she** 代彼女は[が]
- **Shimbei** 名新兵衛
- **shine** 動①光る, 輝く ②光らせる, 磨く 名光, 輝き
- **shot** 動 shoot（撃つ）の過去, 過去分詞 名①発砲, 銃撃 ②弾丸
- **should** 助《shallの過去》～すべきである, ～したほうがよい
- **shout** 動叫ぶ, 大声で言う, どなりつける 名叫び, 大声, 悲鳴
- **show** 動①見せる, 示す, 見える ②明らかにする, 教える ③案内する show off 見せびらかす, 目立とうとする show up 顔を出す, 現れる 名①表示, 見世物, ショー ②外見, 様子
- **shrine** 名廟, 聖堂, 神社
- **sick** 形①病気の ②むかついて, いや気がさして be sick in bed 病気で寝ている
- **side** 名側, 横, そば, 斜面 on the side 副業で, 片手間に side by side 並んで 形①側面の, 横の ②副次的な 動（～の）側につく, 賛成する
- **sight** 名①見ること, 視力, 視界 ②光景, 眺め ③見解 at the sight of ～ ～を見るとすぐに catch sight of ～ ～を見つける, ～を見かける in sight 視野に入って lose sight of ～ ～を見失う out of sight 見えなくなって, 法外な
- **since** 接①～以来 ②～だから 前～以来 副それ以来 ever since それ以来ずっと long since ずっと以前に
- **sing** 動①（歌を）歌う ②さえずる
- **sky** 名①空, 天空, 大空 ②天気, 空模様, 気候
- **sleep** 動①眠る, 寝る ②活動しない 名①睡眠, 冬眠 ②静止, 不活動
- **small** 形①小さい, 少ない ②取るに足りない 副小さく, 細かく
- **smell** 動①（～の）においがする ②においをかぐ ③かぎつける, 感づく 名①嗅覚 ②におい, 香り
- **smoke** 動喫煙する, 煙を出す smoke out いぶり出す, 明るみに出す 名煙, 煙状のもの
- **snow** 名雪 動雪が降る
- **so** 副①とても ②同様に, ～もまた ③《先行する句・節の代用》そのように, そう not so ～ as … …ほど～でない ～ or so ～かそこら, ～くらい so as to do ～するように, ～するために so ～ as to do …するほど～で so that それゆえに so ～ that …あまり～なので…だ so that ～ may [can, will] … ～が…するために 接①だから, それで ②では, さて So what? それがどうした。どうでもいいではないか。
- **soft** 形①柔らかい, 手ざわり[口あたり]のよい ②温和な, 落ち着いた
- **some** 形①いくつかの, 多少の ②ある, 誰か, 何か some time いつか, そのうち 副約, およそ 代①いくつか ②ある人[物]たち
- **somebody** 代ある人, 誰か
- **someone** 代ある人, 誰か
- **something** 代①ある物, 何か ②いくぶん, 多少 ～ or something ～か何か
- **sometimes** 副時々, 時たま
- **soon** 副まもなく, すぐに, すみやかに as soon as ～ ～するとすぐ as soon as ～ can できるだけ早く sooner or later 遅かれ早かれ

Word List | 75

- **sorry** 形 気の毒に[申し訳なく]思う, 残念な　feel sorry for ~　~を哀れに思う
- **sound** 名 音, 騒音, 響き, サウンド　make a strange sound 変な音を出す　動 ①音がする, 鳴る ②(~のように)思われる,(~と)聞こえる　形 ①健全な ②妥当な ③(睡眠が)ぐっすりの　副 (睡眠を)ぐっすりと, 十分に
- **space** 名 ①空間, 宇宙 ②すき間, 余地, 場所, 間　動 間をあける
- **spoke** 動 speak (話す)の過去
- **star** 名 ①星, 星形の物 ②人気者　形 星形の
- **start** 動 ①出発する, 始まる, 始める ②生じる, 生じさせる　名 出発, 開始
- **stay** 動 ①とどまる, 泊まる, 滞在する ②持続する, (~の)ままでいる　stay away (from ~)　(~から)離れている, (~を)留守にする　stay behind 居残る, 留守番をする　stay on 居残る, とどまる, (電灯などが)ついたままである　stay up 起きている, 夜更かしする　名 滞在
- **stick** 名 棒, 杖　動 ①(突き)刺さる, 刺す ②くっつく, くっつける ③突き出る
- **still** 副 ①まだ, 今でも ②それでも(なお)　形 静止した, 静かな
- **stood** 動 stand (立つ)の過去, 過去分詞
- **stop** 動 ①やめる, やめさせる, 止める, 止まる ②立ち止まる　stop by (途中で)立ち寄る　stop over 途中下車する　名 ①停止 ②停留所, 駅
- **story** 名 ①物語, 話 ②(建物の)階
- **strange** 形 ①知らない, 見[聞き]慣れない ②奇妙な, 変わった　strange to say 不思議な話だが
- **street** 名 ①街路 ②《S-》~通り
- **stuck** 動 stick (刺さる, くっつく)の過去, 過去分詞
- **suddenly** 副 突然, 急に
- **sun** 名 《the -》太陽, 日
- **sure** 形 確かな, 確実な, 必ず~する, 確信して　for sure 確かに　make sure 確かめる, 手配する　to be sure 確かに, なるほど　副 確かに, まったく, 本当に
- **surprise** 動 驚かす, 不意に襲う　名 驚き, 不意打ち　to one's surprise ~が驚いたことに
- **swam** 動 swim (泳ぐ)の過去

T

- **take** 動 ①取る, 持つ ②持って[連れて]いく, 捕らえる ③乗る ④(時間・労力を)費やす, 必要とする ⑤(ある動作を)する ⑥飲む ⑦耐える, 受け入れる　take after ~　~に似る　take off 脱ぐ, 離陸する, 出発する　take out 取り出す, 連れ出す, 持って帰る　take up 取り上げる, 拾い上げる, やり始める, (時間・場所を)とる　名 ①取得 ②捕獲
- **talk** 動 話す, 語る, 相談する　talk back 口答えする　名 ①話, おしゃべり ②演説 ③《the -》話題
- **tall** 形 高い, 背の高い
- **temple block** 名 木魚
- **ten** 名 10(の数字), 10人[個]　ten to one 十中八九, 九分九厘　形 10の, 10人[個]の
- **terrible** 形 恐ろしい, ひどい, ものすごい, つらい
- **than** 接 ~よりも, ~以上に

- **thank** 動感謝する, 礼を言う 名《-s》感謝, 謝意 thanks to ~ ~のおかげで
- **that** 形その, あの 代①それ, あれ, その[あの]人[物] ②《関係代名詞》~である… and that しかも that is (to say) すなわち That's it. それだけのことだ。 that's that それで終わりだ 接 ~ということ, ~なので, ~だから 副そんなに, それほど
- **the** 冠①その, あの ②《形容詞の前で》~な人々 副《－＋比較級, －＋比較級》~すればするほど…
- **their** 代彼(女)らの, それらの
- **them** 代彼(女)らを[に], それらを[に]
- **then** 副その時(に・は), それから, 次に back then その当時 (every) now and then 時折, 時々 名その時 形その当時の
- **there** 副①そこに[で・の], そこへ, あそこへ ②《－ is [are]》~がある[いる] 名そこ
- **these** 代これら, これ 形これらの, この
- **they** 代①彼(女)らは[が], それらは[が] ②(一般の)人々は[が]
- **thing** 名①物, 事 ②《-s》事情, 事柄 ③《one's -s》持ち物, 身の回り品 ④人, やつ for one thing 1つには
- **think** 動思う, 考える
- **this** 形①この, こちらの, これを ②今の, 現在の 代①これ, この人[物] ②今, ここ
- **those** 形それらの, あれらの in those days その当時 代それら[あれら]の人[物]
- **thought** 動 think (思う)の過去, 過去分詞 名考え, 意見
- **three** 名3(の数字), 3人[個] 形3の, 3人[個]の
- **threw** 動 throw (投げる)の過去
- **throw** 動投げる, 浴びせる, ひっかける throw off ふり捨てる 名投げること, 投球
- **time** 名①時, 時間, 歳月 ②時期 ③期間 ④時代 ⑤回, 倍 all the time ずっと, いつも at a time 一度に, 続けざまに (at) any time いつでも at one time かつては at times 時折 behind time 遅刻して for a time しばらく for the time being 今のところは from time to time 時々 have a good time 楽しい時を過ごす in time 間に合って, やがて on time 時間どおりに Time is up. もう時間だ。 動時刻を決める, 時間を計る
- **tire** 動疲れる, 疲れさせる, あきる, あきさせる 名(車の)タイヤ
- **to** 前①《方向・変化》~へ, ~に, ~の方へ ②《程度・時間》~まで ③《適合・付加・所属》~に ④《－＋動詞の原形》~するために[の], ~する, ~ること
- **today** 名今日 副今日(では)
- **together** 副①一緒に, ともに ②同時に
- **tomorrow** 名明日 副明日は
- **too** 副①~も(また) ②あまりに~すぎる, とても~
- **took** 動 take (取る)の過去
- **toward** 前①《運動の方向・位置》~の方へ, ~に向かって ②《目的》~のために
- **town** 名町, 都会, 都市

- **tree** 名①木, 樹木, 木製のもの ②系図
- **trick** 名①策略 ②いたずら, 冗談 ③手品, 錯覚 play (a) trick (s) on ～ ～にいたずらをする 動だます
- **tried** 動 try (試みる)の過去, 過去分詞 形試験済みの, 信頼できる
- **try** 動①やってみる, 試みる ②努力する, 努める try on 試着してみる try out 実際に試してみる 名試み, 試し
- **turn** 動①ひっくり返す, 回転する[させる], 曲がる, 曲げる, 向かう, 向ける ②(～に)なる, (～に)変える turn around 回転する, 振り返る turn away 向こうへ行く, 追い払う, (顔を)そむける turn down (音量などを)小さくする, 弱くする, 拒絶する turn off (スイッチなどを)ひねって止める, 消す turn on (スイッチなどを)ひねってつける, 出す turn out (明かりを)消す, 追い出す, (結局～に)なる, 裏返しになる turn over ひっくり返る[返す], (ページを)めくる, 思いめぐらす, 引き渡す 名①回転, 曲がり ②順番 ③変化, 転換 by turns 交替に in turn 順番に
- **two** 名2(の数字), 2人[個] 形2の, 2人[個]の

U

- **under** 前①《位置》～の下[に] ②《状態》～で, ～を受けて, ～のもと ③《数量》～以下[未満]の, ～より下の 形下の, 下部の 副下に[で], 従属[服従]して
- **understand** 動理解する, わかる, ～を聞いて知っている make oneself understood 自分の言っていることをわからせる
- **understood** 動 understand (理解する)の過去, 過去分詞
- **until** 前～まで(ずっと) 接～の時まで, ～するまで
- **up** 副①上へ, 上がって, 北へ ②立って, 近づいて ③向上して, 増して be all up with ～ ～はもうだめだ be up to ～ ～する力がある, ～しようとしている, ～の責任[義務]である up and down 上がったり下がったり, 行ったり来たり, あちこちと up to ～ (最高)～まで 前①～の上(の方)へ, 高い方へ ②(道)に沿って 形上向きの, 上りの 名上昇, 向上, 値上がり
- **usual** 形通常の, いつもの, 平常の, 普通の as usual いつものように, 相変わらず than usual いつもより
- **usually** 副普通, いつも(は)

V

- **very** 副とても, 非常に, まったく 形本当の, きわめて, まさしくその
- **village** 名村, 村落
- **villager** 名村人, 田舎の人
- **voice** 名①声, 音声 ②意見, 発言権 動声に出す, 言い表す

W

- **waist** 名ウエスト, 腰のくびれ
- **wait** 動①待つ, 《 – for 》～を待つ ②延ばす, 延ばせる, 遅らせる ③《 – on [upon]》～に仕える, 給仕をする
- **walk** 動歩く, 歩かせる, 散歩する walk on 歩きつづける, 散歩する 名

歩くこと, 散歩
- **want** 動 ほしい, 望む, ～したい, ～してほしい 名 欠乏, 不足
- **warm** 形 ①暖かい, 温暖な ②思いやりのある, 愛情のある 動 暖まる, 暖める warm up 暖まる, ウォーミングアップする, 盛り上がる
- **was** 動《beの第1・第3人称単数現在am, isの過去》～であった, (～に)いた[あった]
- **watch** 動 ①じっと見る, 見物する ②注意[用心]する, 監視する watch out 警戒[監視]する 名 ①警戒, 見張り ②腕時計 keep (a) watch on ～ ～を見張る
- **water** 名 ①水 ②(川・湖・海などの)多量の水 動 水を飲ませる, (植物に)水をやる water down 水で薄める
- **way** 名 ①道, 通り道 ②方向, 距離 ③方法, 手段 ④習慣 all the way ずっと, はるばる, いろいろと by the way ところで, 途中で by way of ～ ～を通って, ～経由で give way 道を譲る, 譲歩する, 負ける in no way 決して～でない in the [one's] way (～の)じゃまになって make one's way 進む, 行く, 成功する make way 道を譲る[あける] No way! とんでもない。 on the [one's] way (～への)途中で on the way back 帰る途中で under way 進行中で
- **wear** 動 ①着ている ②疲れる, 消耗する, すり切れる 名 ①着用 ②衣類
- **well** 副 ①うまく, 上手に ②十分に, よく, かなり as well なお, その上, 同様に ～ as well as … …と同様に～も may well do ～するのももっともだ, 多分～するだろう Well done! よくできた。 間 へえ, まあ, ええと 形 健康な, 適当な, 申し分ない get well (病気が)よくなる 名 井戸
- **went** 動 go (行く)の過去
- **were** 動《beの2人称単数・複数の過去》～であった, (～に)いた[あった]
- **what** 代 ①何が[を・に] ②《関係代名詞》～するところのもの[こと] Like what? 例えば？ What (～) for? 何のために。なぜ。 What's up? 何があったのですか。 形 ①何の, どんな ②なんと ③～するだけの 副 いかに, どれほど
- **when** 副 ①いつ ②《関係副詞》～するところの, ～するとその時, ～する時 接 ～の時, ～する時 代 いつ
- **while** 接 ①～の間(に), ～する間(に) ②一方, ～なのに 名 しばらくの間, 一定の時
- **white** 形 ①白い, (顔色などが)青ざめた ②白人の 名 白, 白色
- **who** 代 ①誰が[は], どの人 ②《関係代名詞》～するところの(人)
- **whole** 形 全体の, すべての, 完全な, 満～, 丸～ 名《the -》全体, 全部 as a whole 全体として on the whole 全体として見ると
- **why** 副 ①なぜ, どうして ②《関係副詞》～するところの(理由) That's why ～ それが～の理由である Why don't you ～? ～しませんか。 Why not? どうしてだめなのですか。いいですとも。 間 ①おや, まあ ②もちろん, なんだって ③ええと
- **wife** 名 妻, 夫人
- **will** 助 ～だろう, ～しよう, する(つもりだ) Will you ～? ～してくれませんか。 名 決意, 意図
- **window** 名 窓, 窓ガラス

- □ **winter** 名冬 動冬を過ごす
- □ **with** 前①《同伴・付随・所属》～と一緒に, ～を身につけて, ～とともに ②《様態》～(の状態)で, ～して ③《手段・道具》～で, ～を使って with all ～ ～にもかかわらず, あれほど～があるのに
- □ **women** 名 woman (女性) の複数
- □ **won't** will notの短縮形
- □ **wood** 名①《-s》森, 林 ②木材, まき
- □ **work** 動①働く, 勉強する, 取り組む ②機能[作用]する work on ～ ～で働く, ～に取り組む, ～を説得する, ～に効く work out 算出する, (問題を)解く, 理解する, (合計が～に)なる, ～の結果になる, 体を鍛える 名①仕事, 勉強 ②職 ③作品 ④仕事 at work 働いて, 仕事中で, (機械が)稼動中で out of work 失業して
- □ **worry** 動悩む, 悩ませる, 心配する[させる] 名苦労, 心配
- □ **would** 助《willの過去》①～するだろう, ～するつもりだ ②《W- you ～?》～してくださいませんか ③～したものだ would like ～ ～がほしい would like to do ～したいと思う Would you like ～? ～はいかがですか。
- □ **wrap** 動包む, 巻く, くるむ, 覆い隠す 名包み
- □ **wrong** 形①間違った, (道徳上)悪い ②調子が悪い, 故障した something is wrong with ～ ～はどこか具合が悪い What's wrong? どうしたの。 副間違って go wrong 失敗する, 道を踏みはずす, 調子が悪くなる 名不正, 悪事 in the wrong 間違って, 悪い

Y

- □ **Yasuke** 名弥助
- □ **yellow** 形黄色の 名黄色
- □ **yes** 副はい, そうです 名肯定の言葉[返事]
- □ **you** 代①あなた(方)は[が], あなた(方)を[に] ②(一般に)人は
- □ **your** 代あなた(方)の

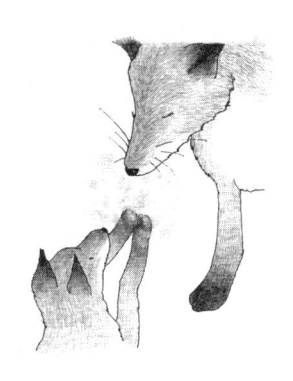

やさしい英語を聴いて読む
IBCオーディオブックス

ごんぎつね
Gon, the Fox
手袋を買いに
Buying Some Gloves
[新装版]

2007年11月29日　第1刷発行
2021年12月10日　第6刷発行

原著者……… 新美南吉
訳者………… マイケル・ブレーズ
発行者……… 浦晋亮
発行所……… IBCパブリッシング株式会社
〒162-0804
東京都新宿区中里町29番3号
菱秀神楽坂ビル9F
Tel. 03-3513-4511
Fax. 03-3513-4512
www.ibcpub.co.jp

印刷所……… 株式会社シナノパブリッシングプレス

©Michael Brase 2007
©IBC Publishing, Inc. 2007
Printed in Japan

本文イラスト…沼里理恵（ごんぎつね）
　　　　　　 杉山薫里（手袋を買いに）
装幀イラスト…杉山薫里
編集協力……Curtis Kennedy, 手塚耕二

落丁本・乱丁本は、小社宛にお送りください。
送料小社負担にてお取り替えいたします。
本書の無断複写（コピー）は
著作権上での例外を除き禁じられています。

ISBN978-4-89684-644-7

E-CAT
English Conversational Ability Test
国際英語会話能力検定

● E-CATとは…
英語が話せるようになるための
テストです。インターネットベー
スで、30分であなたの発話力を
チェックします。

www.ecatexam.com

iTEP

● iTEP®とは…
世界各国の企業、政府機関、アメリカの大学300
校以上が、英語能力判定テストとして採用。オン
ラインによる90分のテストで文法、リーディング、
リスニング、ライティング、スピーキングの5技
能をスコア化。iTEP®は、留学、就職、海外赴任な
どに必要な、世界に通用する英語力を総合的に評
価する画期的なテストです。

www.itepexamjapan.com